2.000 ADESIVOS DE INCENTIVO PARA EDUCADORES

©TODOLIVRO LTDA.

Rodovia Jorge Lacerda, 5086
Gaspar - SC - Brasil
CEP 89115-100

Ilustrações / Design
© Belli Studio

Revisão
Tamara Beims

IMPRESSO NA ÍNDIA
www.todolivro.com.br

Apresentação

Ser um educador é muito mais do que apenas transmitir informações, é transformar a informação em conhecimento. Cumprir esse papel significa estabelecer um relacionamento repleto de amor, carinho e compreensão com seus alunos.

A motivação e os elogios são importantes ferramentas que podem ser usadas nas salas de aula. Mostrar que você reconhece e valoriza um comportamento ou uma atitude fará com que isso se repita, além de servir como inspiração para outros alunos também seguirem o exemplo. É fundamental para o desenvolvimento infantil as crianças se sentirem respeitadas e valorizadas, isso fará com que elas se expressem melhor e desenvolvam a autoconfiança.

Portanto, este livro tem como objetivo auxiliar os educadores e professores com algumas dicas superdivertidas de atividades em grupo, além de 2.000 incríveis adesivos de incentivo para presentear.

Utilize os adesivos e motive seus alunos a crescerem com sabedoria!

Conheça seus alunos

É de extrema importância que o professor conheça seus alunos para poder atingir os interesses e objetivos de cada um. As crianças precisam entender como o conteúdo em sala de aula se relacionará com elas na vida real; assim, o professor despertará questionamentos e a curiosidade, deixando claro que esse conhecimento pode fazer a diferença.

Crie laços

Crie um ambiente acolhedor, para que as crianças se sintam seguras em expor suas ideias sem se sentirem julgadas ou rejeitadas.

Atenção

Nunca compare o progresso de uma criança com o de outra, pois a velocidade de aprendizagem não pode ser confundida com inteligência.

Ofereça pequenos prêmios e elogios

Além dos adesivos, os elogios e o reconhecimento verbal também funcionam como estímulos positivos. Sempre reconheça uma atividade ou um ato de coragem por parte de seus alunos — mesmo que eles não sejam completamente bem-sucedidos, isso guiará as outras crianças a participarem mais da aula.

Torne suas aulas divertidas

Prepare suas aulas antecipadamente e sempre esteja disposto a mostrar um grande sorriso. Mostre que você está interessado e empolgado com o assunto, dessa forma, seus alunos se sentirão inclinados a ir para a escola. E, sempre que possível, insira um jogo ou exercícios em grupo, para aumentar o envolvimento da classe.

Propostas de atividades

Teatrinho

Preparação:
Desenhar ou montar em cartolina o palco de um teatro, com muita cor, cortinas e outros elementos.
Recortar de revistas e montar em cartolina uma grande quantidade de figuras humanas, eventualmente animais, nas mais diversas situações.

Utilização:
As crianças devem ser estimuladas a "inventar" histórias, escolhendo seus personagens e descrevendo situações diferentes.
O teatro pode ser em etapas. Quando houver um número maior de atos, a própria criança deve ser estimulada a colecionar novos personagens.

Jogo do amigo invisível

Preparação:
Nome de todos os alunos da classe em tiras de papel.

Utilização:
Um aluno escolhe uma tira e deve descrever o colega para a classe de forma a ser claro na apresentação dessas características, mas usando meios implícitos, para dificultar sua identificação. Os colegas podem formular questões esclarecedoras que serão respondidas pelo apresentador, afirmando apenas "sim" e "não". Após a identificação, outro aluno é chamado e o jogo prossegue. Uma variação do jogo é aparecer nas tiras nomes de eventos ou ocorrências para, da mesma forma, serem descritos.

Jogo lógico

Preparação:
O jogo é preparado com a confecção de três dados forrados de papel branco. O primeiro dado deve possuir círculos de cartolina cortados, como em um dado comum. No segundo, seis cores diferentes, uma para cada lado, e, no último, três formas geométricas, cada uma repetida uma vez. Recortar 60 triângulos iguais em seis cores (dez para cada cor), 60 quadrados divididos em seis cores e seis círculos iguais, também divididos em seis cores.

Utilização:
Os alunos devem formar equipes de quatro componentes. Espalha-se sobre a mesa todas as formas (180) e os dados são jogados, um de cada vez. O jogador seleciona as formas pela cor e pela quantidade e retira-as da mesa. O parceiro repete a operação e assim sucessivamente, até terminarem todas as formas. Ganha o aluno que conseguir o maior número de peças e também o maior número de formas e de cores.

O que o mestre mandar

Preparação:
O professor, em conjunto com os alunos, deve antecipadamente idealizar uma incrível gincana de atividades. Posteriormente, ao solicitar aos alunos que cumpram a gincana, precisará estimular as crianças a darem diferentes respostas para uma mesma questão.

Utilização:
O professor será o "mestre" e executará a gincana estabelecida (saltará cercas inexistentes, remará por rios imaginários, procurará tesouros ocultos) e assim percorrerá interessante caminho estimulando a motricidade e soltando a imaginação naturista dos alunos. O sucesso do jogo depende da capacidade do professor em levar o aluno a partilhar dessas "aventuras".

Carinhas

Preparação:
Desenhar círculos em folhas de papel sulfite e deixar aos alunos lápis, giz de cera ou canetas hidrocor.

Utilização:
Os alunos devem desenhar nos círculos os olhos, o nariz, as orelhas e a boca nas caras, mas fazê-lo segundo estados de ânimo das pessoas, relatados pelo professor (por exemplo: Luciana perdeu um amigo e está triste, como seria o rosto de Luciana?), além de muitas outras situações análogas. O objetivo essencial da atividade é levar o aluno a perceber suas próprias emoções e poder, progressivamente, fazer "leituras" de sentimentos em si mesmo e em outras pessoas.

"Tudo o que um sonho precisa para ser realizado é alguém que acredite que ele possa ser realizado."
(Roberto Shinyashiki)

"Saber encontrar a alegria na alegria dos outros é o segredo da felicidade."
(Georges Bernanos)

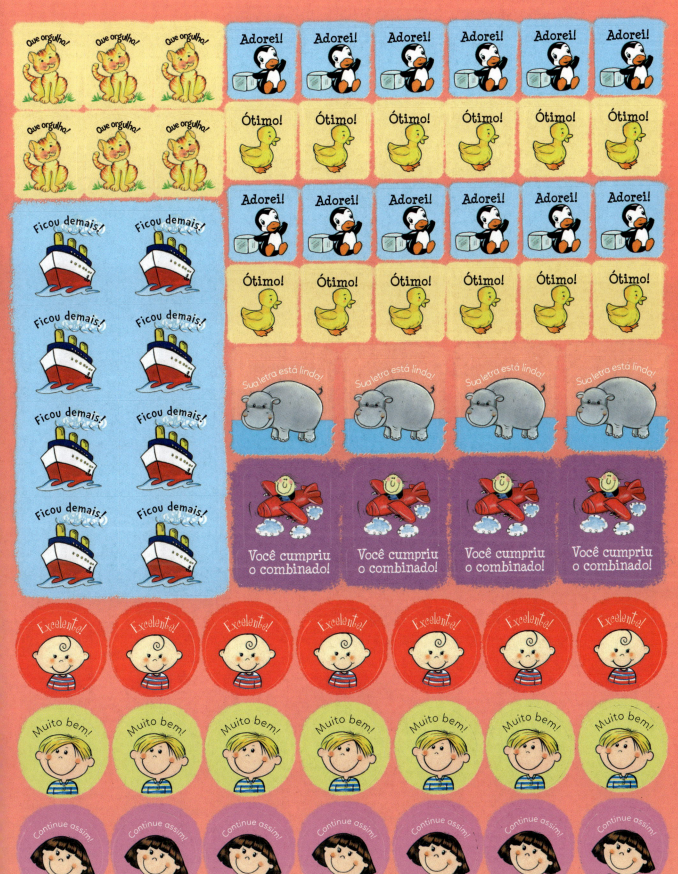

"Acredite que você pode, assim você já está no meio do caminho."
(Theodore Roosevelt)

"Não importa o quão devagar você vá, desde que você não pare."
(Confúcio)

"Grandes obras são executadas não pela força, mas pela perseverança."
(Samuel Johnson)

"Se o plano 'A' não deu certo, não se preocupe. O alfabeto tem mais 25 letras para você tentar."
(Eduardo Costa)

"Se o plano 'A' não deu certo, não se preocupe. O alfabeto tem mais 25 letras para você tentar."

(Eduardo Costa)

"Se você não tem oportunidade de fazer grandes coisas, faça pequenas coisas de forma GRANDIOSA!"
(Autor desconhecido)

"A alegria é contagiante. Passe adiante."
(Autor desconhecido)

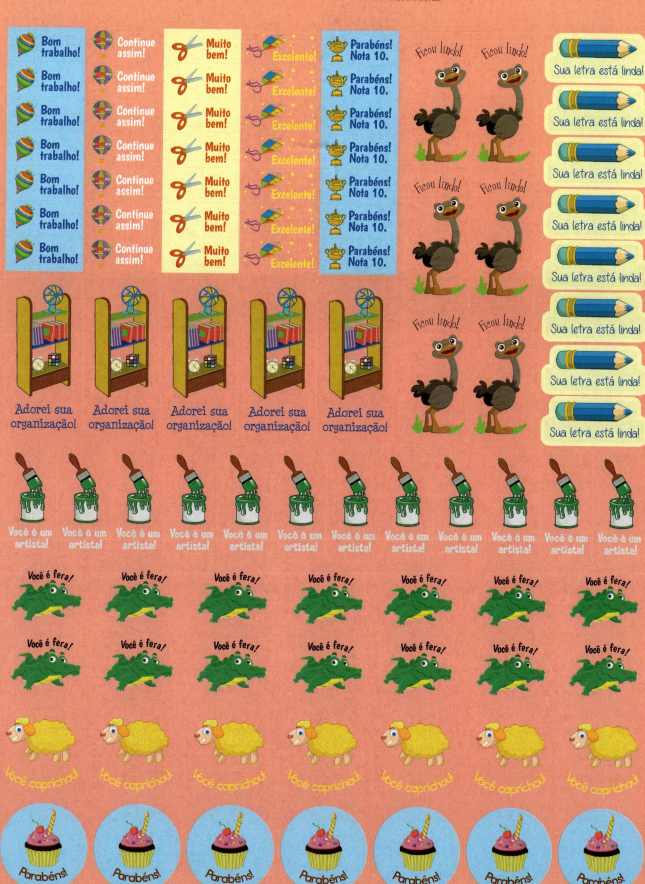

"Fazer o que você gosta é liberdade. Gostar do que você faz é felicidade."
(Frank Tyger)

"Melhor do que ser conhecido é ser uma pessoa que vale a pena conhecer."
(Autor desconhecido)

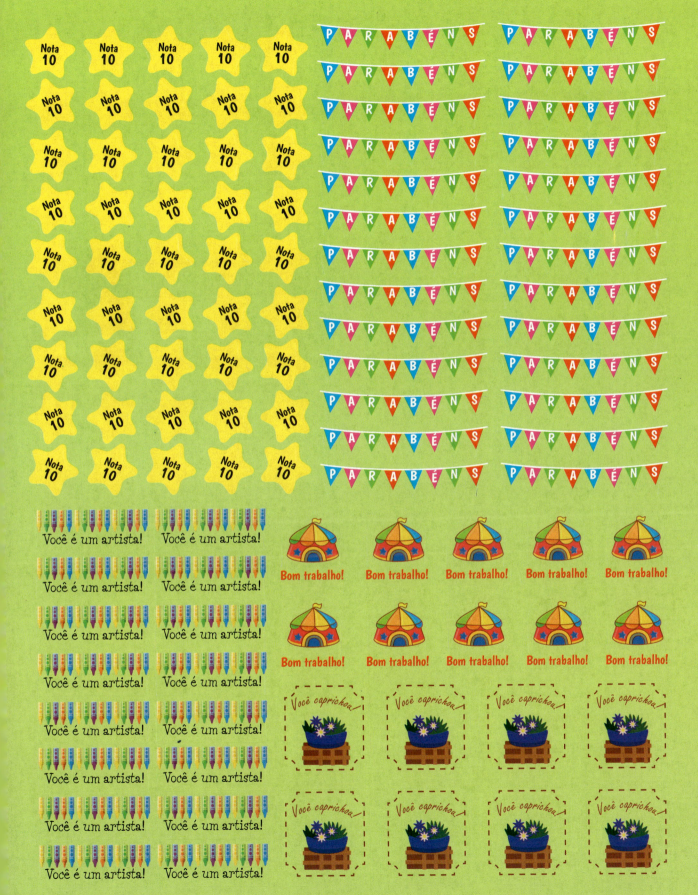

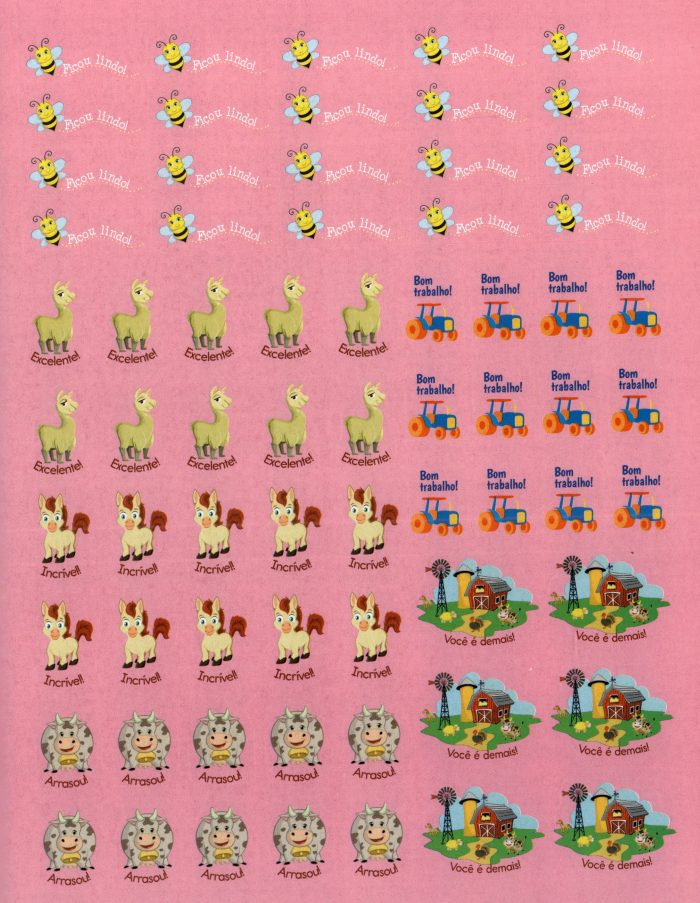

"De braço dado e na mesma direção, para quem trabalha em equipe a vitória é a união."
(Autor desconhecido)

"Toda conquista começa com a decisão de tentar."
(Gail Devers)

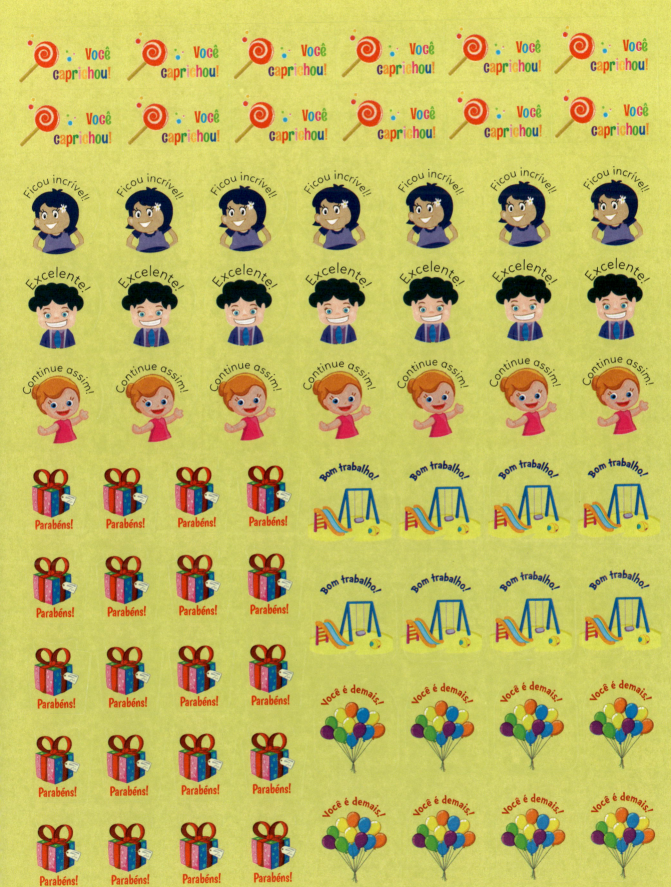

"O educador se eterniza em cada ser que educa."
(Paulo Freire)

"A vida é uma viagem; aproveite bem o caminho!"
(Autor desconhecido)

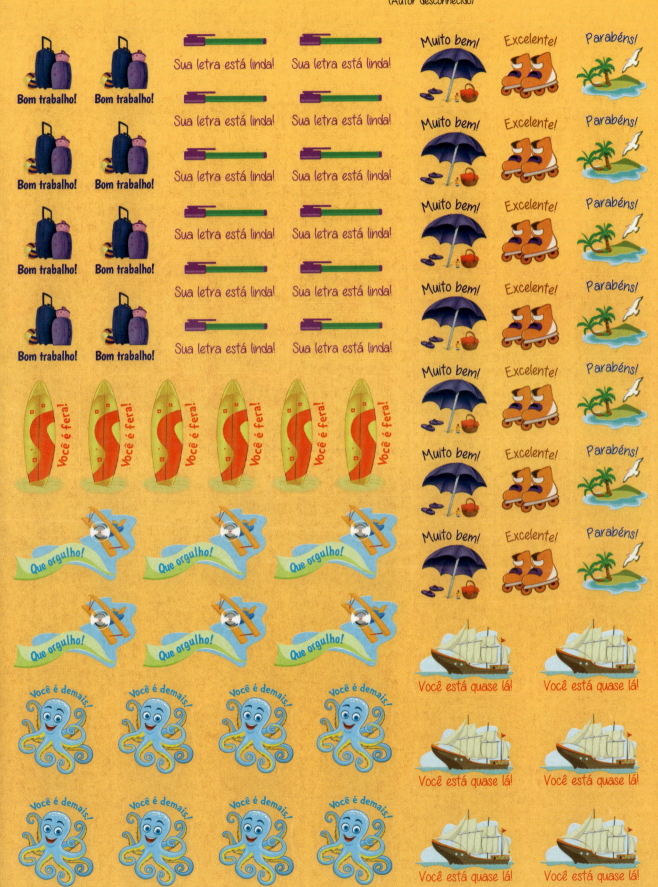

"A dúvida é o princípio da sabedoria."
(Aristóteles)

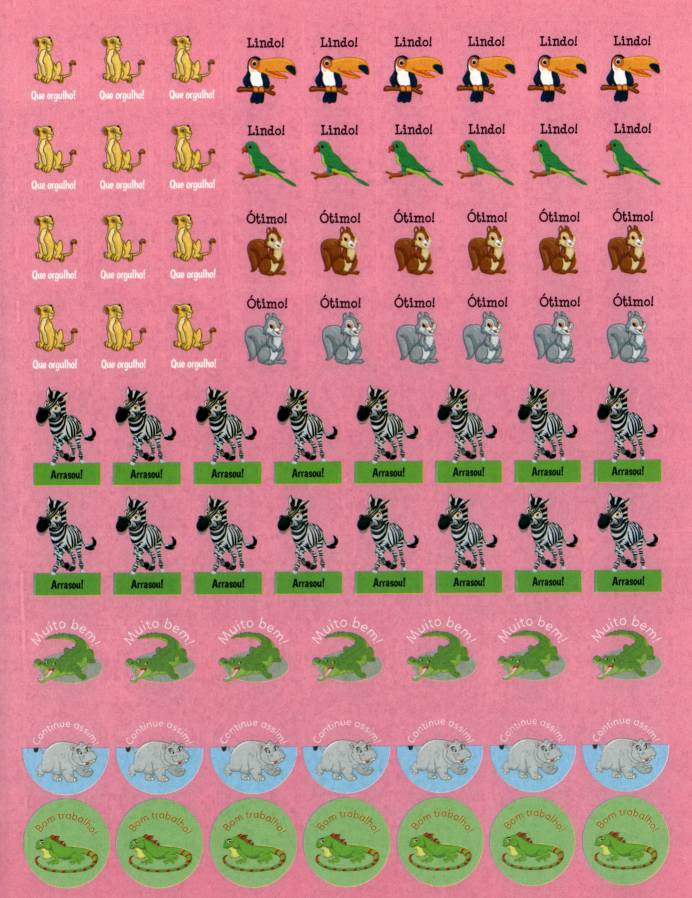

"Erros são provas de que você está tentando. Não desista."
(Autor desconhecido)

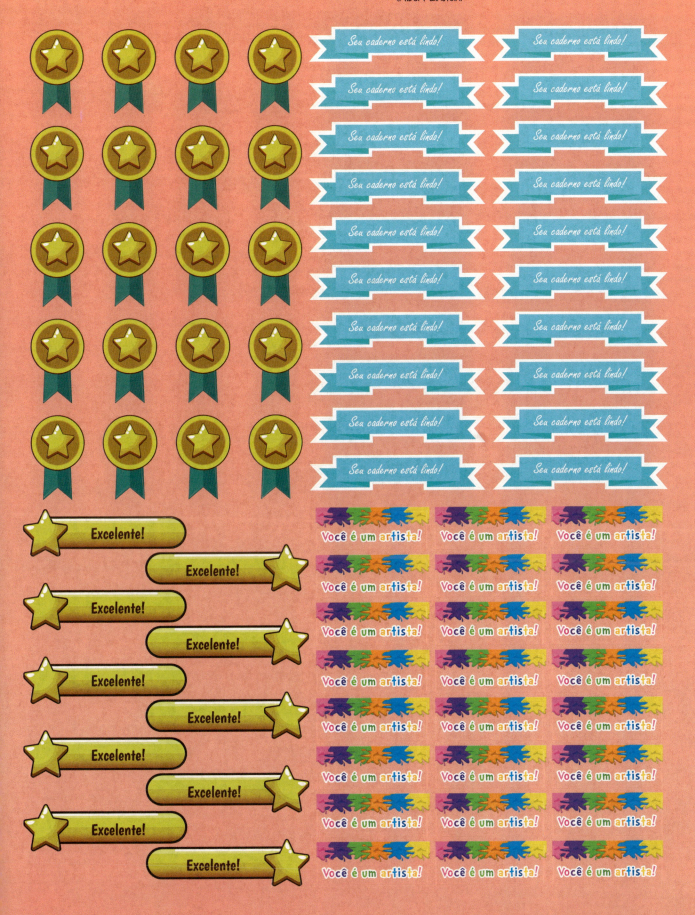

"O aprendizado é como o horizonte: não há limites."
(Provérbio chinês)

"A mente que se abre a uma nova ideia jamais voltará ao seu tamanho original."
(Albert Einstein)

"Poucos rios surgem de grandes nascentes, mas muitos crescem recolhendo filetes de água."
(Ovídio)

"As crianças são a esperança para o futuro, o sorriso do mundo e a alegria da vida!"
(Autor desconhecido)

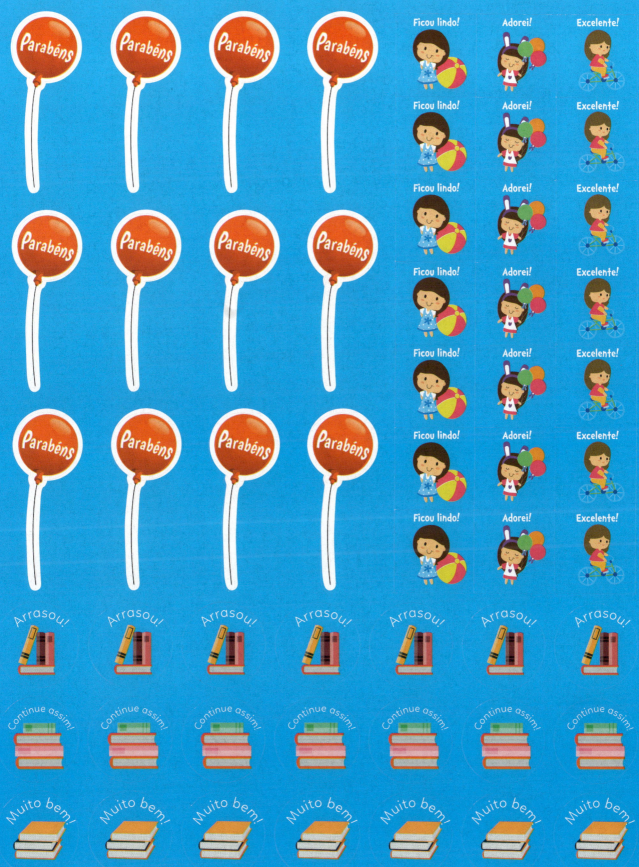